LETTRE

A SON EXCELLENCE LE GARDE DES SCEAUX,

MINISTRE DE LA JUSTICE.

DES DANGERS

QUE PRÉSENTENT

LES INSTRUCTIONS CRIMINELLES

ET DE LA NÉCESSITÉ, SUR CERTAINS POINTS,

DE MODIFIER CETTE PARTIE DE NOTRE LÉGISLATION,

PAR

M. Paul DUPONT

DÉPUTÉ AU CORPS LÉGISLATIF.

« De la bonte des lois criminelles depend principalement la liberte des citoyens. »
(MONTESQUIEU, *Esprit des Lois*, Livre XII, Chap. 2.)

PARIS,

IMPRIMERIE ADMINISTRATIVE DE PAUL DUPONT,

Rue de Grenelle-Saint-Honore, 45.

MARS 1855.

Monsieur le Ministre,

Les formes actuellement suivies dans les instructions criminelles n'offrent pas toujours de suffisantes garanties à celui contre lequel une plainte est portée; et la marche qu'elles tracent peut entraîner les juges eux-mêmes dans de funestes et déplorables erreurs.

Signaler à Votre Excellence de pareils dangers, c'est avoir d'avance la certitude qu'il y sera porté un prompt et sûr remède.

Il me suffira, Monsieur le Ministre, pour justifier la nécessité de la réforme que je poursuis, de vous montrer, par le simple récit des faits qui viennent de se passer dans une affaire où j'étais partie, avec quelle facilité un plaignant de mauvaise foi peut tromper les magistrats chargés de l'instruction, et quelles peuvent être, aussi bien pour la partie qui en souffre que pour la considération de la justice, les conséquences fatales des erreurs que commettent les tribunaux.

I.

La maison d'imprimerie administrative et de librairie dont je suis le gérant, et qui fait, depuis un demi-siècle, des affaires considérables, avait formé, il y a vingt ans, avec un sieur Aigre, une participation destinée à éditer en commun quelques ouvrages religieux.

Les avances que ma maison devait faire à la Société en participation avaient été fixées à trente mille francs : la troisième année, cette somme s'élevait à plus de cent mille francs. La prudence ne me permettait pas de prolonger un tel état de choses : en conséquence, vers la fin de novembre 1838, il intervint entre le sieur Aigre et moi une convention par laquelle je lui abandonnai toutes les valeurs de la participation, en échange de l'obligation qu'il contracta de rembourser à ma maison la totalité de ses avances. La seule garantie qui me fut donnée, pour l'exécution de cet engagement, résulta d'un acte convenu en même temps que l'abandon des valeurs, et qui n'a acquis de date certaine que le 22 janvier 1839. Le sieur Aigre, par cet acte, consentit en ma faveur un nantissement consistant dans les ouvrages de librairie dont ma maison avait fait les avances et dont je venais de lui faire cession.

J'ignorais alors que la mauvaise administration des affaires personnelles du sieur Aigre rendait sa ruine imminente : en effet, il dut quitter la France dans les premiers mois de 1839, et un jugement du 9 avril même année le déclara en état de faillite.

Les ouvrages que ma maison avait reçus en nantissement furent l'objet d'une vente publique ordonnée par le juge-commissaire, sur une requête collective que nous lui avions présentée, le syndic de la faillite du sieur Aigre et moi, afin que les droits de toutes les parties fussent conservés. Le prix de la vente s'est élevé au dixième à peu près de mes avances, et le surplus a été complétement perdu. Cependant, sans y être légalement soumis, j'ai toujours manifesté l'intention d'acquitter les dettes qui seraient relatives à la participation et antérieures à sa dissolution.

Il s'était écoulé plus de sept années depuis la faillite du sieur Aigre, lorsqu'un homme que je connaissais seulement par des antécédents déplorables (il en était à sa troisième faillite), auquel je ne pouvais rien devoir puisque je n'avais jamais voulu avoir de rapports d'affaires avec lui, et qui ne m'avait adressé jusqu'alors aucune réclamation, imagina de former contre moi, *au mois de septembre* 1846, une demande en paiement de 95,834 francs 75 centimes, motivée sur ce que ma maison aurait été solidaire d'une dette de pareille somme contractée par le sieur Aigre envers cet homme.

L'objet de cette demande était, du reste, complétement étranger à la participation relative aux publications religieuses, et il n'est pas inutile d'indiquer, pour l'appréciation de la moralité de l'auteur de la plainte portée plus tard contre moi, quel en a été le prétexte.

En 1838, l'homme que je signale, et qui se nomme Chauvin, avait formé, avec le sieur Aigre, une Société en commandite et par actions pour l'exploitation d'une papeterie située dans les environs d'Angoulême. Cela se passait à une époque où furent créées un si grand nombre d'opérations de la même nature auxquelles la bonne foi n'a pas toujours présidé; mais il n'en est pas une peut-être qui ait présenté des caractères de fraude aussi scandaleux que celle dont je parle.

En effet, le sieur Chauvin apportait dans la Société un immeuble dont il se déclarait propriétaire pour la totalité, tandis qu'il n'en possédait qu'une partie. D'un autre côté, cet immeuble, présenté comme un apport libre de charges, était grevé par des inscriptions hypothécaires pour des sommes plus considérables que sa valeur : enfin, par une contre-lettre intervenue entre les sieurs Aigre et Chauvin, créateurs de l'opération, ceux-ci avaient déclaré que les apports sociaux, portés dans l'acte apparent pour 330,000 francs, n'étaient évalués réellement qu'à 110,000 francs, et qu'ils partageraient par moitié les actions dont les 220,000 francs d'excédant seraient la représentation.

S'il fallait en croire le sieur Chauvin, un certain nombre de ces actions aurait été négocié par le sieur Aigre qui ne lui en aurait pas remis la valeur; et ce dernier aurait été chargé de vendre, en outre, pour le compte de la Société, des papiers dont il aurait conservé le prix. Ces allégations ont servi de base à la demande que le sieur Chauvin a formée, en 1846, pour me contraindre au paiement de 95,834 fr.

75 cent. : quant au prétexte qu'il a pris pour s'adresser à ma Maison, il consistait à dire que j'avais été l'associé général du sieur Aigre, ce qui entraînait ma solidarité pour tous les engagements de celui-ci, et que, d'ailleurs, j'avais profité du prix des actions et des papiers.

Ainsi, le sieur Chauvin, que le désordre de ses affaires avait contraint à une nouvelle faillite, aurait attendu sept années pour réclamer cette somme à un débiteur supposé dont la solvabilité était aussi notoire que la mienne ?

Au surplus, il n'a donné aucune suite à son action durant trois autres années, parce qu'il comprenait parfaitement l'impuissance où il était de la justifier.

Enfin, désertant la voie civile qu'il avait choisie, il a porté contre moi, en 1849, une plainte tendant à me faire déclarer complice des faits de banqueroute frauduleuse et d'escroquerie qu'il imputait au sieur Aigre.

La pensée qui a présidé au dépôt de cette plainte est manifeste. Le sieur Chauvin a supposé que, placé moi-même dans une grande position de considération et de fortune, je me soumettrais facilement, pour me soustraire aux ennuis qu'entraîne toujours une plainte criminelle, à quelques sacrifices d'argent, et il a dû se dire, d'ailleurs, qu'il était à l'abri, par sa faillite, des réparations auxquelles une dénonciation calomnieuse pouvait le faire condamner.

L'instruction a été suivie dans les formes ordinaires ; et, comme tous les prévenus, j'ai dû ignorer la plupart des circonstances qui s'y rattachaient. Je n'ai pas même cru qu'il fût nécessaire de produire aucun mémoire, ma réputation, établie par quarante années de probité commerciale, me paraissant suffisante pour repousser une accusation qui ne pouvait reposer sur aucune preuve.

En définitive, j'ai su qu'une ordonnance de la chambre du Conseil, rendue le 29 mars 1851, avait déclaré qu'il n'y avait lieu à suivre contre moi, et que, sur l'opposition formée par le sieur Chauvin à cette ordonnance, un arrêt de la Chambre d'accusation l'avait confirmée.

Quant aux éléments de ces décisions et à leurs termes eux-mêmes, la pensée ne m'est pas venue de les rechercher ; et la révélation ne m'en a été faite que beaucoup plus tard.

Cependant, il convient que je dise dès à présent ce qu'a déclaré l'ordonnance de non-lieu.

Elle a supposé d'abord, et sans que cette circonstance essentielle eût été vérifiée, que le sieur Aigre était débiteur, envers le sieur Chauvin, d'une somme de 90,000 francs : ensuite, elle a admis comme un fait vrai que le sieur Aigre avait détourné cette somme au préjudice du plaignant et que ma Maison en avait sciemment profité; enfin, elle a déclaré que je m'étais pareillement approprié, au préjudice des créanciers de la faillite du sieur Aigre, l'actif compris dans le nantissement du 22 janvier 1849, *ce qui constituait le délit de stipulation illicite avec un failli.*

En même temps, la chambre du Conseil a considéré *d'office*, et sans que j'eusse jamais invoqué cette exception, que la prescription avait couvert ce prétendu délit.

L'ordonnance du 29 mars 1851 portait donc ce qui suit :

« Attendu que les faits (stipulation illicite avec un failli) sont con-
« stants et prouvés, mais que, remontant aux années 1838 et 1839, il
« y a, à cet égard, prescription acquise, renvoie Dupont de la plainte
« et condamne Chauvin aux dépens. »

Permettez-moi, Monsieur le Ministre, de placer ici une observation qui rentre essentiellement dans l'objet de la lettre que j'ai l'honneur de vous adresser et dont la sagesse de Votre Excellence appréciera la portée.

Si les formes de l'instruction m'avaient permis de connaître, durant son cours, le caractère du délit qui m'était imputé, il m'eût été facile d'éviter aux magistrats qui ont concouru à l'ordonnance, une erreur de droit grossière, et à moi-même les attaques odieuses dont cette erreur a été la cause.

En effet, ces magistrats ont fait la plus étrange confusion dans le sens et l'application des articles 446 et 597 du Code de commerce.

L'article 446 est relatif évidemment aux actes que le commerçant fait avec des tiers, dans le temps où il est encore à la tête de ses affaires et, par conséquent, à une époque antérieure à sa déclaration de faillite : les dispositions de cet article ouvrent, contre les actes qu'il indique, une action purement civile, et rien de plus.

L'article 597 est applicable, au contraire, aux stipulations faites *avec le failli*, c'est-à-dire avec le commerçant que la déclaration de faillite a dessaisi de tous ses biens : dans ce dernier cas, les stipulations faites avec lui, et qui ont pour objet de distraire une portion de son actif, constituent un véritable larcin au préjudice de la masse dont cet actif est le gage; et le législateur les a justement assimilées au vol, en les punissant d'un emprisonnement dont la durée peut être portée à un an.

Mais qu'avait de commun avec la disposition de l'article 597 le nantissement consenti par le sieur Aigre en faveur de ma maison; acte qui a acquis une date certaine, par son enregistrement, dès le 22 janvier 1839, c'est-à-dire deux mois et demi avant la faillite du sieur Aigre, déclarée le 9 avril suivant, et qu'aucun jugement n'avait reportée à une époque antérieure?

L'ordonnance du 29 mars 1851 a donc constaté l'existence d'un délit imaginaire; et, d'un autre côté, le moyen de la prescription, appliqué d'office par elle, m'a fermé la seule voie qui me permît de démontrer l'erreur de sa décision.

Maintenant je dois vous dire, Monsieur le Ministre, comment les termes de cette ordonnance m'ont été révélés, et l'usage qui en a été fait pour nuire, non-seulement à ma considération privée, mais encore, et surtout, à ma vie publique.

II.

Je ne pense pas qu'un honnête homme puisse maîtriser l'indignation qu'inspirent les faits que je vais rappeler.

On était à la fin de l'année 1851, et l'on s'occupait partout des élections au Corps Législatif, qui ont eu lieu après le 2 décembre.

Mon frère, Auguste Dupont, que le département de la Dordogne avait placé au nombre de ses députés après la révolution de février, était mort en duel, le 20 août 1850, en défendant les principes de l'ordre et de la véritable liberté : ces principes étaient aussi les miens, et ma situation personnelle pouvait me désigner, d'ailleurs, au choix de mes concitoyens. Dès le commencement de 1852, un grand nombre d'électeurs de l'arrondissement de Périgueux m'offrirent donc la candidature.

Mais j'avais un concurrent auquel, pour réussir, tous les moyens ont paru bons. Des relations dont il serait trop long d'expliquer l'origine et le but s'étaient établies entre le sieur Chauvin et lui; et, ces deux hommes, que réunissait une haine commune contre moi, se concertèrent ensemble pour faire imprimer l'ordonnance du 29 mars 1851 et pour la publier,

Il en avait été remis des exemplaires au préfet de la Dordogne, sous le patronage duquel mon concurrent était placé. Avant les élections, ce magistrat fit appeler dans son cabinet l'un de mes parents qui habite Périgueux : il dit à ce parent que j'avais des ennemis puissants dont l'intention était de faire usage, pour empêcher mon élection, de documents judiciaires très-graves, et que, pour combattre l'influence de l'*Echo de Vésone* (1), qui m'était favorable, son protégé créerait au besoin une feuille rivale; il ajouta que tout cela pourrait être évité si, me désistant de ma candidature, il n'était fait aucune opposition au candidat adopté par lui.

Au reste, le préfet avait considéré le succès de ce moyen d'intimidation comme tellement certain que, le 12 février 1852, il écrivait au ministre de l'intérieur pour lui annoncer ma renonciation à la candidature.

J'avais hésité à entrer dans la carrière politique, parce qu'elle devait avoir pour résultat de me distraire des affaires industrielles que je dirige; mais l'espèce de menace que le préfet de la Dordogne m'avait indirectement adressée fit cesser mon indécision : je déclarai donc au ministre ma volonté formelle de rester candidat, et il annonça de suite au préfet que j'étais accepté par le Gouvernement (2).

Dans ces entrefaites, mon concurrent créait, pour soutenir sa propre candidature, le journal appelé *le Périgord* ; le préfet de la Dordogne avait donc puisé, sur ce point, ses renseignements à bonne source.

Les agents chargés de chercher, dans le département, des abonnés à ce journal avaient une autre mission : c'était, comme manœuvre électorale, de faire lire l'ordonnance de non-lieu par tous ceux auxquels ils s'adressaient. J'ai dans les mains une lettre de l'un de ces émissaires qui, dégagé de ses relations avec *le Périgord*, m'explique le rôle que, par nécessité, il avait dû accepter dans cette intrigue, et m'adresse l'exemplaire de l'ordonnance que ce journal lui avait confié.

(1) Journal fondé par mon frère, Auguste Dupont.

(2) *Ministère de l'intérieur.* — M. Paul Dupont, *que vous m'annoncez devoir se désister, ne se désiste pas ;* et puisque vous déclarez qu'il a le plus de chances, il est définitivement accepté comme candidat du gouvernement. (Dép.télég. du 14 février 1852.)

En même temps, mes ennemis répandaient dans toutes les communes de ma circonscription électorale, et jetaient dans tous les lieux publics, même sur les tables d'auberges (1), des exemplaires de cette pièce.

D'un autre côté, la rédaction du journal *le Périgord* apportait sa coopération à ce scandale. L'*Echo de Vésone* avait indiqué, en les blâmant, les manœuvres que je viens de signaler : dans son numéro du 18 janvier 1852, *le Périgord* insérait, en réponse, un article tendant à faire supposer qu'il s'agissait d'un arrêt contradictoire et souverain.

Malgré tous ces efforts coupables, ma nomination au Corps législatif eut lieu à une immense majorité.

Ce succès sembla redoubler la rage de mes ennemis : ils allèrent jusqu'à répandre le bruit que la Chambre des Députés serait saisie de cette affaire, et qu'elle me forcerait à donner ma démission.

Ne voulant pas que la polémique entre les deux journaux se prolongeât, et pût compromettre la dignité du mandat que je venais de recevoir, je résolus de la faire cesser en adressant au rédacteur de l'*Echo de Vésone* la lettre que voici :

« Paris, 9 mars 1852.

« Je désapprouve, malgré la bonne intention qui vous l'a inspirée, la « protestation que vous avez cru devoir faire de votre propre mouve- « ment contre les calomnies répandues sur mon compte.

« J'aurais compris cette réponse avant l'élection, parce qu'alors je « n'avais à prendre conseil que de moi-même ; mais aujourd'hui que « je fais partie d'une grande assemblée, il ne m'est pas permis de lais- « ser compromettre mon nom dans une polémique oiseuse et sans « résultat possible.

« Ou les faits qu'on me reproche sont vrais, et alors on les produira « devant la Chambre, qui fera justice, ou, n'ayant pas le moindre « fondement, nul n'osera s'en faire l'éditeur responsable, et ils s'éva- « nouiront après avoir montré, une fois de plus, jusqu'où pouvaient « aller la haine et l'envie.

(1) *J'ai déchiré,* m'écrivait un de mes amis, M. le commandant Bessières, ancien député du Lot, *et j'ai foulé aux pieds un écrit infâme publié contre vous et que j'ai trouvé sur une table d'auberge à Terrasson.*

« En attendant, dites à nos amis d'être sans inquiétude, et que leur « député, en quelque endroit qu'il paraisse, ne permettra jamais à « personne de proclamer sa vie plus honnête et plus pure que la « sienne.

« Agréez, etc.

« Paul DUPONT. »

J'ai recherché les auteurs de cette publication, afin de les traduire devant les tribunaux, et j'ai été mis à même d'établir que c'était le sieur Chauvin qui avait fait imprimer à Paris l'ordonnance de non-lieu à plusieurs centaines d'exemplaires ; mais, cité par moi en police correctionnelle comme coupable de diffamation, il a nié formellement avoir participé en rien à la publication, et il a été acquitté par le motif que sa participation n'était pas légalement prouvée.

Depuis, mes adversaires n'ont laissé échapper aucune occasion de me faire subir, pour le même objet, toutes sortes d'outrages.

Ainsi, dans l'année de mon élection, je recevais la croix de la Légion d'honneur, récompense de découvertes importantes faites durant ma longue carrière commerciale, et pour lesquelles des médailles d'or m'avaient été décernées par les jurys des expositions publiques : aussitôt on adressa au ministre, sur la proposition duquel cette distinction m'avait été accordée, un exemplaire de l'ordonnance de non-lieu, accompagnée d'une lettre où l'on disait que *sa religion avait été trompée et que ma nomination déshonorait l'ordre de la Légion d'honneur*.

Le préfet de la Dordogne, de son côté, au lieu de subir en silence le blâme que méritait sa conduite avant mon élection, ne craignait pas, le jour d'une distribution solennelle des prix du lycée (1), de renchérir sur

(1) « C'est prévariquer que d'avoir fait l'usage que vous avez fait de la pratique « sage et réglée d'ouvrir par un discours public la rentrée des juges dans leur tri- « bunal après la cessation ordinaire de leur travail..... Se servir de ce discours « pour suivre ses passions dereglées, pour calomnier des gens sans reproche, pour « scandaliser le public, c'est un crime très-punissable dans un officier; affecter « insolitement de faire imprimer un pareil discours est un second crime..... On « ne laisse pas en place des officiers qui se rendent indignes de leur charge pour

ces attaques dans un discours qui contenait à mon égard les allusions les plus claires.

Enfin, dans son numéro du 20 août 1852, *le Périgord* se faisait l'écho du préfet, en reproduisant avec commentaires ses attaques injurieuses.

Dans toutes les circonstances, et notamment à l'occasion d'une discussion que ce journal engagea au mois de juillet 1854 avec l'*Echo de Vésone*, il n'a cessé de m'adresser les injures les plus grossières.

Ce n'est point tout : mes adversaires ont paru croire qu'il manquait quelque chose à cette œuvre d'infamie, et voici comment ils l'ont complétée :

L'ordonnance du 29 mars 1851 a été réimprimée par leur soin et ils l'ont livrée de nouveau à la publicité, dans une forme et avec des augmentations qui devaient rendre sa publication beaucoup plus blessante. Ainsi, le titre des nouveaux exemplaires était disposé comme le sont les affiches de spectacle destinées à provoquer l'attention du lecteur ; en voici les termes textuels :

« *Ordonnance* (les mots *non-lieu* se trouvent cette fois supprimés) « contre le sieur *Dupont*, Paul-François, imprimeur-libraire, député « au Corps législatif, chevalier de la Légion d'honneur, propriétaire de « *l'Écho de Vésone*.

« Détails flétrissants. — *Conclusions de M. le substitut du procu-* « *reur général de la Seine, demandant le renvoi du sieur Dupont* « *devant la cour d'assises, pour y être jugé suivant la loi.* ARRÊT DE « LA COUR. »

Le mot *arrêt* était disposé lui-même de façon à laisser croire qu'il s'agissait réellement d'un arrêt de la cour impériale de Paris qui me renvoyait en cour d'assises.

On craignait évidemment que je ne vinsse, comme je l'avais déjà fait, à découvrir les auteurs de cette nouvelle publication, et pour éviter des poursuites en diffamation, la pièce indiquait, en conséquence, qu'elle avait été imprimée *à Bruxelles, en* 1853.

« abuser ainsi de leurs fonctions, et si l'on vous fait grâce aujourd'hui, songez à « vous conduire à l'avenir de manière que vous n'ayez plus besoin qu'on vous en « accorde d'autres, car ce serait en vain que vous vous flatteriez d'en obtenir de « semblables. »

(*Lettre du chancelier de Pontchartrain au lieutenant du président d'Autun qui s'était laissé entraîner à des écarts pareils.*)

Voici l'usage que mes adversaires ont fait de ce libelle :

La session du conseil général de la Dordogne, pour l'année 1854, avait commencé. Le 25 août, pendant l'une des séances du conseil, chacun des membres recevait un pli renfermant un exemplaire de l'ordonnance de non-lieu, travestie de la manière que je viens d'expliquer : l'adresse, dont l'écriture était manifestement contrefaite, portait l'indication exacte de la rue et de l'hôtel où logeait chaque membre, avec les mots : *très-pressé.*

Cette distribution s'est étendue à tous les habitants notables de la Dordogne, et, par un raffinement de méchanceté on a commencé d'abord par envoyer les exemplaires aux personnes avec lesquelles j'étais le plus intimement lié. En même temps, les diligences qui partent de Périgueux étaient chargées d'en déposer un nombre considérable dans les bureaux de poste qui se trouvent sur la route de Lyon : on les jetait et on les jette encore à profusion, pendant la nuit, sous les portes des maisons particulières ; et les mêmes mains en couvrent les tables des cafés et des établissements publics. Enfin, il m'a été adressé personnellement à ma campagne, avec le timbre de Périgueux, plusieurs de ces exemplaires avec des notes manuscrites portant des gentillesses comme celles-ci : *Nous te retrouverons au bagne. — Bon à tirer à 10,000 exemplaires*, etc., chiffre qui a été certainement atteint, sinon dépassé.

Je m'abstiens, Monsieur le Ministre, de toute espèce de réflexion sur le degré d'infamie que ces faits caractérisent, et je m'en rapporte à l'impression qu'en recevra votre conscience. Je dirai seulement que leur principal auteur a dû se former une étrange idée de la carrière politique, s'il a cru que l'on pouvait s'y préparer par des actes de cette nature.

Votre Excellence me permettra, toutefois, d'insister plus particulièrement sur cette pensée que la marche tracée pour les procédures criminelles est la cause première des abus affligeants dont je viens de vous tracer l'odieux tableau. En effet, si j'avais pu connaître, durant l'instruction, que le délit de *stipulation illicite avec un failli* m'était imputé, il m'eût été facile de m'en défendre par des moyens tirés des faits et de la loi sainement comprise ; et, en supposant même que, malgré ces moyens, l'ordonnance du 29 mars 1851 eût consacré l'erreur que je lui reproche, j'en aurais certainement obtenu la réformation si, pour cela, notre législation m'eût ouvert une voie quelconque.

Dépourvu de ces deux garanties, il m'a fallu rester exposé à des outrages inouïs, jusqu'au jour où je pourrais trouver des juges devant lesquels j'exercerais le droit légitime et sacré de me défendre : or, c'est en poursuivant, devant le tribunal de commerce, le jugement de la demande formée contre moi par le sieur Chauvin et qu'il avait abandonnée depuis 1846, qu'il m'a été possible d'arriver à une tardive réparation.

Permettez-moi donc, Monsieur le Ministre, de vous dire sommairement ce qui est résulté du procès civil.

III.

Le syndic de la faillite du sieur Aigre était nécessairement partie dans cette instance, puisque la réclamation que m'adressait le sieur Chauvin avait pour base une prétendue créance contre le failli.

D'un autre côté, cette créance supposée avait été pareillement le prétexte de la plainte portée en 1849, car c'était en qualité de créancier du sieur Aigre que le sieur Chauvin m'imputait le détournement, à son préjudice, d'une partie de l'actif de la faillite.

Or, sur les simples allégations du plaignant et sans vérification aucune, les droits de créancier que s'attribuait le sieur Chauvin ont été considérés comme constants, dans l'instruction qui a suivi sa plainte et dans l'ordonnance de la chambre du Conseil.

Mais le juge-commissaire de la faillite du sieur Aigre s'est montré plus circonspect et moins confiant : au mois de juillet 1853, il a chargé l'un des experts habituels du tribunal de commerce de faire un rapport sur les différentes questions de l'affaire et spécialement sur la situation du sieur Chauvin à l'égard de la faillite.

L'expert n'a déposé son rapport qu'au bout d'une année, et il a expliqué le retard apporté dans l'accomplissement de sa mission en déclarant au juge-commissaire qu'il avait vainement adressé au sieur Chauvin les injonctions les plus formelles et les plus paternelles observations pour obtenir que ce dernier produisît les pièces justificatives de sa demande.

Non-seulement l'expert a constaté l'insuffisance des pièces produites, mais encore le caractère de simulation dont elles étaient entachées : il a dit que la plupart des livres de la papeterie avaient été faits tout d'une haleine, qu'ils étaient écrits avec la même plume et la même encre, et enfin, que plusieurs d'entre eux avaient été confectionnés pour les besoins de la faillite du sieur Chauvin déclarée à Angoulême.

Après avoir signalé la résistance du sieur Chauvin et le peu de sincérité de ses justifications, l'expert a examiné deux points principaux : le premier s'appliquait aux circonstances dans lesquelles la Société relative à la papeterie de Lescalier avait été formée; le second, à la situation du sieur Aigre et du sieur Chauvin vis-à vis de cette entreprise.

Voici, sur le premier point, ce qui résulte de son rapport.

C'est, d'abord, que l'immeuble mis en société, comme un apport libre, était grevé de dettes hypothécaires qui s'élevaient, d'après un certificat du conservateur d'Angoulême, à 110,944 francs, et d'après le sieur Chauvin lui-même, à 93,332 fr. 57 c.

C'est, d'un autre côté, que les apports de cette Société, portés, dans l'acte public du 12 janvier 1838, pour une valeur totale de 330,000 fr., n'avaient été évalués, dans un acte antérieur et secret du 20 décembre 1837, intervenu entre les sieurs Aigre et Chauvin, que pour 110,000 francs; et que ces derniers, malgré la déclaration formelle *qu'il n'y aurait pas d'actions industrielles*, étaient convenus de partager entre eux, par moitié, les actions représentatives des 220,000 fr.

Enfin, il résulte de l'ensemble des raisons présentées par l'expert que cette opération constituait, au préjudice des tiers, la plus odieuse escroquerie. *Le capital social*, a-t-il dit, *s'est borné aux seules annonces industrielles dont le sieur Aigre s'est chargé d'avancer les frais : les associés s'en sont remis, pour le former, à la confiance et au laisser-aller ordinaires des preneurs d'actions, auxquelles on allait faire appel par les journaux.*

Ainsi se trouve apprécié et le côté moral de l'homme qui a concouru à me diffamer et de l'entreprise qui lui en a fourni l'occasion.

Quant à la situation des sieurs Aigre et Chauvin à l'égard de la Société de la papeterie, elle ne pouvait être que celle de débiteurs, puisque, n'ayant fait aucun apport réel, ils avaient disposé des valeurs de cette Société : l'expert s'est donc livré à des travaux considérables pour établir exactement le chiffre de la dette de chacun d'eux; et il est arrivé ainsi à des résultats décisifs.

Il résulte de son rapport que les sieurs Aigre et Chauvin devaient à la Société, savoir : le premier, 19,393 fr. 13 c., et le sieur Chauvin 96,547 fr. 11 c., indépendamment de 103,500 fr. qu'il avait fallu prélever sur le prix de la fabrique pour payer les anciens créanciers hypothécaires, et qui étaient à la charge de ce dernier.

Aussi l'expert a-t-il tiré de ces démonstrations la conséquence nécessaire que le sieur Chauvin ne pouvait devenir *créancier personnel de la faillite du sieur Aigre d'une somme quelconque.*

Cette déclaration suffisait assurément pour la décision du procès, puisque c'était comme débiteur solidaire des engagements du sieur Aigre, ou comme ayant profité des propres valeurs du sieur Chauvin, que ce dernier m'avait actionné. Je crois cependant utile, Monsieur le Ministre, de placer sous vos yeux quelques observations du rapport sur ma situation particulière dans la participation que j'avais formée avec le sieur Aigre; sur le nantissement que celui-ci m'a donné au moment où cette association a été dissoute; sur l'ordonnance du 29 mars 1851.

Quant aux avances qui m'avaient constitué le créancier de la participation, l'expert a constaté qu'elles s'élevaient, au jour de la fuite du sieur Aigre, à 97,880 fr. 76 c., et que j'avais payé depuis 32,805 fr. 03 c., ce qui formait en tout 130,685 fr. 79 c.

Appréciant ensuite les circonstances relatives au nantissement, l'expert a déclaré que les attaques dirigées contre moi, à cause de cet acte, ne lui paraissaient pas fondées; et il en a donné pour motifs :

1° Que les marchandises de la librairie religieuse, *seule valeur réelle comprise dans le nantissement*, étaient déjà le gage de mes créances et même ma propriété, puisque *seul* j'avais avancé les fonds nécessaires à leur fabrication ;

2° Que l'abandon des valeurs de la participation et le nantissement étaient l'objet *d'une seule et même convention dont l'exécution était indivisible ;*

3° Que l'époque réelle du nantissement était, *non pas le* 22 *janvier* 1839, *mais le* 28 *novembre* 1838.

Enfin, l'expert s'est expliqué sur l'ordonnance du 29 mars 1851, qui était l'un des documents de l'affaire. Après avoir reproduit, dans son rapport, les observations que je lui avais soumises sur l'application, erronée en droit, de l'article 597, il a fait remarquer que si la chambre du Conseil, au lieu d'admettre sans vérification l'existence des créances alléguées par le sieur Chauvin, en avait vérifié la réalité comme il l'avait fait lui-même, le résultat de l'ordonnance eût sans doute été différent.

Depuis le 30 juillet 1854, jour de la clôture du Rapport, je n'ai négligé aucun effort pour obtenir que l'affaire reçût une prompte solution ; mais le sieur Chauvin m'a opposé, lui demandeur, la même résistance opiniâtre à l'aide de laquelle il avait déjà retardé si longtemps l'accomplissement de la mission de l'expert.

Enfin, le 2 mars dernier, le tribunal de commerce, après une discussion environnée de tout ce qui pouvait éclairer sa justice, a rendu son jugement. Le tribunal avait à résoudre entre le sieur Chauvin et moi, deux questions. Elles consistaient à savoir : la première, si mon association avec le sieur Aigre avait le caractère d'une société en nom collectif, de telle sorte que je fusse tenu solidairement des engagements de ce dernier; et la seconde, si je devais être condamné au paiement des prétendues créances du sieur Chauvin, parce que j'aurais profité de valeurs qui lui appartenaient personnellement, ou détourné l'actif du sieur Aigre, au préjudice de ses créanciers.

Sur le premier point, le jugement du 2 mars 1855 a décidé que mon association avec le sieur Aigre constituait une simple participation, et qu'elle ne pouvait donc engendrer contre moi aucune solidarité.

Quant à la deuxième question, elle a été résolue par les motifs suivants :

« Attendu que, dans l'intervalle du temps qui s'est écoulé en-
« tre la signification à Aigre par Dupont de l'intention où ce der-
« nier était de rompre leur association, les associés ont réglé leurs
« comptes; que Aigre s'est reconnu débiteur de sommes importan-
« tes, tant de Dupont personnellement que de Dupont et Cie; qu'il
« ne ressort ni des explications des parties, ni des documents pro-
« duits, que Dupont ait exercé une pression sur son débiteur *ou ait*
« *employé des moyens frauduleux pour se couvrir de sa créance;*
« qu'il avait, d'ailleurs, sur une partie du nantissement qui lui était
« donné, un privilége comme imprimeur; — *que, dans tous ses rap-*
« *ports avec Aigre, sa bonne foi ne peut être mise en doute;* que s'il
« est vrai qu'une partie du nantissement était composée d'actions de
« Lescalier, et qu'antérieurement au nantissement, la vente d'une
« partie de ces actions par Aigre avait servi à payer à Dupont des
« sommes importantes, on ne saurait admettre la prétention de Chau-

« vin sur la propriété de ces actions ; qu'en effet, il résulte des pièces « produites qu'en dehors de l'acte public relatif à la mise en société « de la papeterie de Lescalier, à la date du 12 janvier 1838, enregis- « tré le 19, des conventions verbales secrètes existaient entre Aigre « et Chauvin, dès le 20 décembre 1837 ; qu'aux termes desdites con- « ventions il est reconnu par Aigre et Chauvin que, malgré l'énoncia- « tion de 330,000 fr. de capital portée dans l'acte public, il est bien « entendu que la valeur réelle de l'immeuble n'est que de 110,000 fr.; « que le surplus des actions, soit 220,000 fr., appartenaient par moitié « à Chauvin et Aigre, entre lesquels elles pourraient être partagées « pour en faire ce que chacun jugera convenable ; qu'il est donc con- « stant que Aigre, ayant droit pour sa part à 110,000 fr. d'actions, a « pu valablement les escompter, et, avec leur produit, payer ses dettes « personnelles, et qu'en conséquence, Chauvin est sans droit pour re- « vendiquer la propriété desdites actions, etc. »

Plus loin, le jugement ajoute que le sieur Chauvin ne justifie nullement *qu'il soit créancier* de la faillite Aigre.

Enfin, le tribunal, appréciant l'ordonnance du 29 mars 1851, a dit :

« Que s'il est vrai que l'ordonnance de non-lieu dont excipe Chau- « vin existe, il résulte de ce qui précède que *la stipulation illicite,* « *tombant sous le coup de l'application de l'article* 597, *n'existe* « *pas, puisque toutes les transactions intervenues entre Dupont et* « *Aigre ont été faites de bonne foi et avant la fuite de ce dernier et* « *sa mise en faillite.* »

En conséquence, le tribunal a déclaré le sieur Chauvin mal fondé dans toutes ses demandes formées tant contre moi qu'à l'égard de la faillite du sieur Aigre et l'a condamné aux dépens.

Ainsi, la plainte de cet homme et l'ordonnance du 29 mars 1851 reposaient sur la supposition que le sieur Chauvin était le créancier du sieur Aigre, ET IL EST JUGÉ QU'IL NE L'ETAIT PAS. D'un autre côté, l'ordonnance a admis, *comme constants et prouvés,* des faits qui auraient constitué, suivant elle, le délit de stipulation illicite avec un failli : or, une décision contradictoire a déclaré que *la plus incontestable bonne foi* avait présidé de ma part à l'acte de nantissement ; et le tribunal de commerce a dû donner aux magistrats eux-mêmes qui ont concouru à l'ordonnance une leçon de droit, en leur rappelant que l'article 597 était sans application possible à l'espèce, puisque le nantissement était antérieur à la déclaration de faillite du sieur Aigre et même à sa disparition.

Cette pièce judiciaire n'en est pas moins devenue le prétexte des outrages inqualifiables dont j'ai présenté à Votre Excellence le déplorable tableau.

Mes adversaires se sont, au reste, étrangement abusés s'ils ont cru que je resterais courbé sous ces outrages : loin de là, je n'ai pas cessé de poursuivre, avec courage et persévérance, le jour de la réparation, et le jugement du 2 mars 1855 me l'a faite pleine et entière.

Mais, au milieu de mes angoisses et de mes efforts, une pensée m'a constamment préoccupé : c'était de vous signaler, Monsieur le Ministre, les dangers et les abus que peuvent, dans certains cas, engendrer, pour les justiciables, les formes des procédures criminelles; et c'est afin que mes observations eussent une autorité plus grande, que j'ai attendu le moment où il me serait possible de vous fournir la preuve légale des erreurs dont l'ordonnance du 29 mars 1851 est remplie.

IV.

La justice doit être égale pour tous ; et, dans les instructions criminelles, les prévenus devraient trouver les mêmes garanties que les plaignants.

Mais est-il vrai que les formes actuelles de la procédure aient pour effet, dans tous les cas, de conserver aux inculpés ces garanties ?

D'abord, le plaignant est libre de rédiger sa plainte comme bon lui semble : il peut y accumuler sans mesure, contre le prévenu, les imputations les plus exagérées et même les plus fausses.

Le juge d'instruction, de son côté, n'a aucun motif pour douter de la sincérité de ces imputations, et il est porté naturellement, au contraire, à leur accorder une pleine confiance : son intérêt s'attache naturellement à la personne du plaignant et se détourne de l'inculpé.

Enfin, la préoccupation d'un devoir à remplir, c'est-à-dire d'un délit à constater, concourt à lui faire apporter, dans l'appréciation des faits dénoncés, une disposition au moins sévère.

La procédure commence ainsi sous des auspices défavorables aux accusés.

La même défaveur se rencontre dans chacun des actes de l'instruction et notamment dans l'audition des témoins : c'est la dénonciation ou la plainte qui les désigne (art. 71 du Code d'instruction criminelle) : d'ailleurs ils sont entendus par le juge d'instruction, hors de la présence du prévenu (art. 73 du même Code) auquel les faits consignés dans la plainte et les dépositions des témoins ne sont révélés que par la communication facultative du juge d'instruction.

Si, dans certains cas, le juge croit nécessaire de s'éclairer par une expertise, les résultats de cette opération restent encore un secret pour l'inculpé.

Sa confrontation avec le plaignant ou les témoins n'est pas même prescrite par la loi : elle est laissée à la volonté du juge ; et, dans l'espèce, il n'en a été fait aucune.

Enfin, le réquisitoire du ministère public, élément essentiel de l'instruction, puisqu'il est le premier acte par lequel la preuve des faits et leur caractère soient appréciés, reste ignoré du prévenu qui ne peut en combattre les conclusions.

Le caractère secret de la procédure criminelle a donc pour résultat de placer le prévenu dans la plus fâcheuse situation, et ne lui permet qu'une défense imparfaite avant la décision de la chambre du Conseil.

L'ordonnance du 29 mars 1851 aurait prononcé, je puis l'affirmer aujourd'hui, d'une toute autre manière si, après avoir reçu la communication complète de l'instruction, il m'eût été possible de la discuter comme je l'ai fait devant le tribunal de commerce. J'aurais démontré que la plainte du sieur Chauvin manquait de base, puisqu'il n'était pas le créancier du sieur Aigre ; qu'une bonne foi incontestable avait présidé à mes conventions avec ce dernier ; qu'au point de vue du droit, le nantissement pouvait donner lieu tout au plus à un procès civil, et qu'enfin, dans aucun cas, le délit de stipulation illicite avec un failli ne pouvait m'être imputé.

Le système du secret de l'instruction a été combattu à diverses époques et par des autorités imposantes.

Un homme dont la haute philosophie a contribué si puissamment à éclairer son siècle, Voltaire a dit, en appréciant l'ordonnance criminelle qui consacrait ce système :

« Pourquoi les pièces sont-elles secrètes quand les sentences sont

« publiques ? Dans Rome, dont nous tenons presque toute notre juris-
« prudence, tous les procès criminels étaient exposés au grand jour,
« tandis que, parmi nous, ils se poursuivent dans l'obscurité.

« Chez les Romains, les témoins étaient entendus publiquement en « présence de l'accusé, qui pouvait leur répondre, les interroger lui-« même ou leur mettre en tête un avocat. Cette procédure était noble « et franche, elle respirait la magnanimité romaine. Chez nous, tout « se fait secrètement; un seul juge avec son greffier entend chaque « témoin l'un après l'autre. Cette pratique, établie par François Ier, « fut autorisée par les commissaires qui rédigèrent l'ordonnance de « Louis XIV, en 1670 : une méprise seule en fut la cause.

« On s'était imaginé, en lisant le Code *de testibus* que ces mots, « *testes intrare judicii secretum*, signifiaient que les témoins « étaient interrogés en secret; mais *secretum* signifie, ici, le cabinet « du juge; *intrare secretum*, pour dire *parler secrètement*; ne « serait pas latin; ce fut un solécisme qui fit cette partie de notre « jurisprudence. »

Dès l'origine de ses travaux, l'Assemblée constituante avait reconnu les dangers attachés à ce mode de procédure; et, par ses décrets des 3 novembre 1789 et 25 avril 1790, elle avait adopté de nouvelles formalités dont il résultait pour l'inculpé le droit de présence aux dépositions des témoins et à la garantie de confrontation.

Plus tard, le pouvoir législatif dut examiner s'il ne conviendrait pas même de créer, dans l'intérêt des inculpés, un jury d'accusation.

Enfin, durant la discussion du Code d'instruction criminelle, le ministre des cultes (séance du 7 juin 1808), après avoir fait remarquer combien les premières dépositions avaient d'importance, ajoutait :

« Il ne faut pas oublier que le projet ferme pour un temps l'accès « de la justice au malheureux prévenu. Le procès-verbal est rédigé en « son absence, et le prévenu ne peut faire entendre ses réclamations; « les témoins sont également entendus en son absence, et il ne peut « rien opposer à leur déposition..... »

Si les principes qui forment aujourd'hui notre Code d'instruction criminelle ont prévalu, c'est sans doute parce que le législateur s'est préoccupé beaucoup plus de la culpabilité du prévenu que de son innocence.

Les considérations les plus graves et les plus élevées commanderaient donc que les instructions criminelles fussent, sinon publiques, du moins contradictoires.

S'il s'agissait de crimes et même de certains délits, le système que je propose pourrait entraîner peut-être quelques inconvénients ; mais il ne peut en résulter aucun toutes les fois que la plainte est déterminée par un intérêt purement pécuniaire, comme dans l'espèce que je viens de signaler.

La loi n'a certainement pas voulu placer le plaignant à l'abri de la responsabilité attachée à une dénonciation calomnieuse ; elle n'a pas dû se préoccuper non plus de la situation des témoins qui déposent sous sa protection, et l'on chercherait vainement un motif plausible pour justifier ici le secret du réquisitoire.

Quant à l'inculpé, dont l'honneur et la liberté sont mis en question, on ne saurait lui fournir trop de garanties pour sa légitime défense.

A plusieurs reprises, une question qui s'applique aux plus grands intérêts de la société, et sur laquelle le dernier mot n'a pas encore été dit, a été soulevée : je veux parler de la citation directe devant le tribunal correctionnel. Ses adversaires disent avec raison qu'elle autorise un plaignant téméraire ou fripon à traduire devant cette juridiction un honnête homme, dont la défense est, d'ailleurs, rendue plus difficile par l'imprévu des dépositions faites à l'audience et contre lesquelles il n'a pu se prémunir.

Mais l'instruction secrète présente des abus beaucoup plus grands, puisque l'inculpé est soumis à discuter des charges qu'il ignore, ou qu'il ne peut connaître qu'imparfaitement.

Ce serait donc une réforme utile que de donner à l'inculpé, au moins dans les affaires qui ont une sorte de caractère privé, la faculté de connaître toute la procédure de l'instruction.

Permettez-moi, Monsieur le Ministre, de vous soumettre, en outre, quelques autres considérations qui s'appliquent à la décision de la chambre du Conseil.

L'article 127 du Code d'instruction criminelle prescrit au juge de rendre compte à cette chambre du Conseil, au moins une fois par semaine, des affaires qui lui sont confiées ; le but de cette mesure est évidemment la célérité dans l'administration de la justice ; mais il arrive souvent, dans la pratique, que ce but n'est pas atteint. Ainsi, dans l'affaire qui m'est personnelle, il s'est écoulé plus de deux années depuis le dépôt de la plainte, qui a eu lieu le 23 janvier 1849, jusqu'à l'ordonnance, qui a été rendue le 29 mars 1851. Or, il est permis de douter qu'après un si long intervalle de temps, le juge ait pu conserver un souvenir précis et une impression exacte de l'instruction.

Quant à l'ordonnance, je crois pouvoir dire, sans manquer au respect que je dois et que je porte à la magistrature, qu'en général, elle est rédigée d'avance par le juge instructeur qui, de cette manière, prononce seul jusqu'à un certain point.

Ces circonstances ne sont-elles pas elles-mêmes destructives des garanties qui doivent appartenir à l'inculpé?

L'insuffisance de l'instruction lui est funeste encore sous un autre rapport; s'il arrive que la chambre du Conseil, incertaine sur la gravité des charges, cède à la disposition de le renvoyer en jugement public, pour qu'il établisse son innocence dans un débat contradictoire, ce renvoi lui-même porte à la considération du prévenu une atteinte que son acquittement ne détruit pas tout entière.

Il peut même arriver quelque chose de plus fatal à l'inculpé que le renvoi dvant un tribunal et le jugement public : c'est une ordonnance qui, comme celle du 29 mars 1851, après avoir tenu pour constants et prouvés des faits contraires à son honneur, déclare, par un moyen exceptionnel, qu'il n'y a lieu à suivre.

La loi ne lui ouvre alors aucune voie pour démontrer l'erreur de l'ordonnance et faire anéantir les imputations que cet acte judiciaire contient; en même temps que le plaignant se trouve à l'abri de toute poursuite pour dénonciation calomnieuse, puisque la plainte se trouve ainsi protégée par l'ordonnance elle-même.

Si le prévenu avait eu à débattre un intérêt pécuniaire, notre législation l'aurait environné de toutes les garanties désirables : non-seulement elle lui eût assuré l'exercice plein et entier du droit de se défendre, mais encore elle lui eût ouvert plusieurs degrés de juridiction pour faire réformer une sentence erronée.

Mais, lorsqu'il s'agit de sa considération et de son honneur, le Code d'instruction criminelle lui interdit la défense et lui ferme tout recours.

Quant à l'exception de prescription, le juge l'applique d'office; et l'inculpé, qui ne l'a point invoquée, ne peut pas y renoncer pour obtenir devant d'autres juges un débat contradictoire.

Cette situation si fâcheuse, l'ordonnance du 29 mars 1851 me l'a faite, en déclarant que mes conventions avec le sieur Aigre constituaient le délit de stipulation illicite avec un failli, et en décidant que la poursuite de ce délit était éteinte par la prescription triennale. Je serais donc resté durant toute ma vie sous le coup de cette imputation, si le sieur Chauvin lui-même ne m'avait fourni, par son action civile, l'occasion de montrer la vérité dans tout son jour.

Le dommage que de pareilles erreurs peuvent causer à l'inculpé est incalculable. Il serait moindre si les ordonnances de la chambre du Conseil devaient demeurer secrètes; mais elles sont signifiées au plaignant pour qu'il puisse exercer le droit que la loi lui donne, et qu'elle donne à lui seul, d'en demander la réformation devant la cour. Il peut donc en faire l'usage que bon lui semble, les publier dans un but de vengeance ou d'intimidation, et même, ainsi que l'a fait le sieur Chauvin, les placer dans la main des ennemis de son adversaire comme une arme de diffamation.

On a peine à comprendre que, dans notre pays, et dans le siècle où nous vivons, l'homme le plus irréprochable puisse être exposé aux périls que je signale à Votre Excellence.

Il m'appartenait, Monsieur le Ministre, de vous signaler le mal : il appartient à votre situation élevée et à vos lumières d'y appliquer le remède.

Vous daignerez donc apprécier mes observations sur la nécessité de rendre contradictoires les instructions criminelles, au moins dans toutes les affaires où il s'agit d'un intérêt d'argent entre le plaignant et le prévenu, et de donner à ces instructions la célérité qui leur manque. Vous apprécierez également la convenance qu'il y aurait à garantir à l'inculpé le droit de former opposition à l'ordonnance qui, en repoussant la plainte, porte atteinte à son honneur par les imputations qu'elle contient; enfin, vous examinerez s'il ne conviendrait pas de laisser exclusivement au prévenu la faculté de faire usage du moyen de la prescription ou d'y renoncer.

Le Code d'instruction criminelle remonte à près d'un demi-siècle, et l'expérience a montré qu'il était susceptibl de réformes nombreuses, notamment dans l'intérêt des prévenus : déjà le Gouvernement de l'Empereur en a opéré quelques-unes; les observations que je viens d'avoir l'honneur de vous soumettre, Monsieur le Ministre, vous convaincront, je l'espère, que l'intérêt des justiciables en exige de plus étendues.

Quant à moi, je conserverai le souvenir ineffaçable des tourments que j'ai subis et dont j'attribue la cause à une législation défectueuse; mais je ne m'en plaindrai point si, par mon initiative, j'ai pu porter la conviction dans votre esprit et rendre désormais impossible pour mes concitoyens le retour de pareils abus.

PAUL DUPONT.

Mars 1855.

P. S. — J'apprends, au moment où je terminais cette lettre, que des exemplaires de l'ordonnance du 29 mars 1851 viennent d'être distribués à mes collègues du corps législatif. Cette publication a eu lieu sous la même forme que les précédentes; l'impression a été faite en Belgique; ce sont les mêmes énonciations mensongères, le même luxe de gros caractères; l'écriture de l'enveloppe est contrefaite : en un mot, toutes les précautions ont été prises par les lâches auteurs de cet écrit pour rester inconnus et échapper aux poursuites.

Ainsi, Monsieur le Ministre, grâces aux vices de notre législation, voilà un acte de procédure préalable, et par conséquent sans valeur judiciaire, rendu sans débats, sans confrontation, sur la plainte d'un homme qui n'avait aucune espèce de droits et qui devient une arme incessamment levée contre un citoyen honorable. — Vainement les allégations qu'il renferme auront été détruites et anéanties par un jugement contradictoire et postérieur; cet acte de procédure secrète peut rester éternellement, dans des mains ennemies, un instrument de chantage politique contre lequel il est impossible de se défendre..... — Quelle meilleure, quelle plus forte raison aurai-je à fournir à Votre Excellence pour hâter la réforme d'une législation capable d'engendrer de tels abus, également dangereux au double point de vue de l'intérêt des citoyens et de la considération de la justice elle-même !

PARIS, IMPRIMERIE DE PAUL DUPONT,
rue de Grenelle-Saint-Honoré, 45.